Tarbes, le 13 fructidor, an 7 de la République française, une et indivisible.

Les administrateurs destitués du département des Hautes-Pyrénées,

Au président du Conseil des Anciens.

Citoyen Président,

Nous vous transmettons le récit exact des mesures que nous avons prises pour l'extinction du royalisme, et de nos succès contre les insurgés des départemens du Gers, de l'Arriège et de la Haute-Garonne.

Puisse-t-il justifier notre conduite, et prouver à la République entière que, quoique nous ayons été destitués comme désorganisateurs, nous pouvons nous glorifier d'avoir fait exécuter les lois dans le

A

département, de les avoir fait aimer, et d'y avoir maintenu l'ordre et la tranquillité, sans avoir à nous reprocher d'avoir fait couler une seule larme !

Salut et respect,

Signé, BORDANAVE, VIGNOLA, LABORDE, LAFFEUILLADE.

RAPPORT

DE *l'expédition de la colonne formée dans le département des Hautes-Pyrénées, dirigée, sous le commandement du général Barbot, contre les brigands royaux dans les départemens du Gers et de la Haute-Garonne. (Extrait de la correspondance du général Barbot et de l'administration départementale.)*

LES départemens du Gers et de la Haute-Garonne étoient le théâtre de tous les crimes d'une horde immense de brigands ; au nom de leur roi et de leur religion, ils pilloient les caisses publiques, dévastoient les maisons, ravageoient les propriétés ; les arbres de la liberté étoient arrachés, tous les signes du culte républicain détruits ; le fanatisme leur faisoit des prosélytes, l'espoir du pillage leur donnoit des soldats, et leurs rangs se grossissoient tous les jours d'un nombre de malheureux à qui ils ne laissoient que l'alternative d'être leurs victimes ou de devenir les complices de leurs forfaits : ils portoient la consternation autour d'eux ; et l'effroi, qui les précédoit, s'étoit déja répandu dans le département des Hautes-Pyrénées : les communications étoient interceptées ; et ce départe-

ment, sans munitions et presque sans armes, ne pouvoit connoître que par des rapports peu authentiques
le degré de danger qu'il couroit : l'administration s'em-
pressa d'envoyer à Auch un homme de confiance, qui
rapporta aussitôt que les phalanges républicaines marchoient contre les brigands royaux; que, chassés de
Samatan et de Lombez, ainsi que de l'Ille-en-Jourdain,
ils sembloient devoir être réduits à un petit nombre
d'hommes sans espoir comme sans moyens. Cette nou-
velle ramena le calme dans l'ame des bons citoyens;
mais bientôt après on apprit que l'armée royaliste avoit
établi son quartier-général à Muret, et menaçoit d'en-
vahir toutes ces contrées sur les rives de la Garonne.
Les citoyens de ce canton s'étoient armés pour voler
à sa rencontre; le succès ne répondit pas à leur bravoure; ils furent repoussés sous les murs de Carbonne,
où il leur fut fait quelques prisonniers.

Des députés du département du Gers, des communes
de Saint-Gaudens, Martres et autres environnantes,
vinrent successivement demander des secours en hommes
et en munitions : l'administration centrale ne consulta
que le danger qui menaçoit le pays; chaque jour,
chaque moment le voyoit s'accroître; les brigands
étendoient leur ligne, et augmentoient leurs moyens;
les longueurs des formes prescrites par les lois auroient
pu rendre tout secours tardif; le péril étoit commun,
il falloit défendre les républicains; elle oublia la dé-
marcation départementale, et fit armer trois cents
hommes de colonnes mobiles des cantons les plus
voisins du département de Haute-Garonne; elle leur
fit distribuer quatre mille cinq cents cartouches, qui
faisoient la plus grande partie des munitions de guerre
qu'elle avoit à sa disposition.

Fiers de leur premier avantage, les brigands croyoient
la victoire attachée à leurs pas; ils se flattoient de

franchir le département des Hautes-Pyrénées, osoient même espérer de ne pas y éprouver de résistance. Cet outrage redoubla l'ardeur des citoyens et le zèle de l'administration ; elle s'établit en permanence , et ne s'occupa plus que des moyens d'anéantir cette bande de scélérats.

Déja l'armée royaliste s'étoit emparée de Martres et marchoit sur Saint-Martory : des relations presque toutes incohérentes sur sa force et ses projets tenoient l'administration dans la plus cruelle incertitude ; elle ne savoit point quelle résistance opposoient à cette armée les départemens dont elle souilloit le territoire.

Pendant qu'elle envoyoit sur les lieux un commissaire dont la correspondance exacte pût l'éclairer, elle concerte ses mesures avec l'adjudant - général Barbot, qui heureusement étoit arrivé depuis peu de jours ; elle savoit que tous les citoyens seroient des soldats ; ils avoient un chef qui méritoit leur confiance ; il ne falloit pour vaincre que des armes et des munitions ; le commissaire du Directoire exécutif et l'adjudant-général Barbot se rendent en poste au fort de Lourde pour y puiser de l'artillerie, des fusils, des cartouches ; mais ce fort n'offroit que de foibles ressources : des commissaires sont aussitôt envoyés auprès du chef d'artillerie pour en obtenir de l'arsenal de Bayonne.

D'un autre côté, tous les fusils sont mis en réquisition, des ouvriers employés à les réparer ; la poudre et le plomb sont requis chez tous les marchands : mais ces mesures ne promettoient pas encore un résultat bien satisfaisant.

Le tocsin de l'alarme avoit sonné dans toutes les communes du département ; une sombre inquiétude agitoit tous les esprits, lorsque l'adjudant - général

Berthier, marchant à forte journée, se retira de Carbonne à Tarbes, traînant avec lui deux petites pièces d'artillerie, qu'il faisoit escorter par quelques gendarmes; le rapport qu'il fit des avantages qu'avoit obtenus l'armée royale fit succéder la fureur à la consternation; *mort aux brigands* fut le cri universel : les habitans des cantons limitrophes coururent en foule, les uns armés de fusils, les autres de faulx : le point qui paroissoit menacé par l'ennemi fut leur point de rassemblement; en une journée la commune de Lanemésan vit dans son sein une foule innombrable de citoyens qui ne demandoient qu'à combattre. L'adjudant-général Berthier avoit demandé du service; l'adjudant-général Barbot le nomma commandant de l'avant-garde; et d'après les ordres de ce dernier, il se rendit aussitôt à Lanemésan pour y organiser des compagnies.

Il y avoit beaucoup de bras, mais peu d'armes, et la plupart n'étoient que des fusils de chasse; la bravoure et le républicanisme appeloient tous les citoyens à l'honneur de les porter; encore ne falloit-il en armer que les mains les plus expérimentées, les plus aptes; les anciens militaires, les réquisitionnaires et les conscrits furent les premiers appelés.

L'adjudant-général Barbot étoit resté à Tarbes pour y organiser aussi les compagnies, et pourvoir à leur armement. Les employés de l'administration départementale s'étoient mis dans les rangs; les administrateurs suppléèrent à leur absence.

Le citoyen Lafarge, chef d'escadron de gendarmerie, étoit présent à une de leurs séances; il vit leurs sollicitudes, leur offrit ses talens et son bras, et se chargea de présenter à l'administration du département des Basses-Pyrénées leur demande de secours en hommes et en armes.

De toutes parts l'organisation s'activoit, les citoyens se donnoient des chefs dignes de les commander, mais il falloit pourvoir aux subsistances, aux transports, en un mot à tout ce qui tient à l'administration d'une armée. Le quartier-général étoit à Lanemésan, et sa distance de cette commune à celle de Tarbes devoit entraîner des longueurs, lorsque le succès tenoit à la promptitude des opérations. L'administration commit le citoyen *Vignola*, un de ses membres, pour se rendre à Lanemésan, et l'investit de tous les pouvoirs que la circonstance rendoit nécessaires : le zèle des administrations municipales, l'activité du commissaire de l'administration départementale eurent bientôt assuré les subsistances de tout genre ; les transports furent organisés, l'ambulance établie.

L'ennemi s'avançoit à grands pas ; il s'étoit emparé de Saint-Martory, et étoit venu s'établir à Saint-Gaudens ; ses avant-postes avoient été poussés jusques à Villeneuve ; par-tout il avoit substitué aux autorités républicaines des maires et consuls royaux ; il les avoit décorés du chaperon ; il faisoit chanter des *Te Deum*, dire des messes en action de grâces ; mais ils savoient que les républicains s'armoient, et ils songeoient à se ménager une issue pour fuir leur juste vengeance. A peine avoient-ils quitté Saint-Martory, que deux colonnes républicaines se joignirent vers cette commune : alors l'armée royaliste quitte entièrement Saint-Gaudens et vient s'établir à Montrejeau ; cette dernière position lui offroit le moyen de retraite par Cierp et Bagnères-de-Lucon, dans la vallée d'Aran.

L'élite des compagnies formées à Lanemésan occupoit en avant de cette commune les postes les plus essentiels ; une partie de celles organisées par le général Barbot vinrent les joindre ; une pluie abondante ne ralentit pas leur marche, et ne les empêcha pas de bivouaquer dès l'instant de leur arrivée.

Une compagnie de chassenrs à cheval, formée à Tarbes, et composée de citoyens qui s'étoient déja distingués dans cette arme, se rendit aussi à marche forcée, et demanda au général Berthier d'être de suite envoyé au bivouac ; elle fut bientôt jointe par une autre compagnie de chasseurs à cheval, formée dans le canton de Mauléon, et qui revenoit du départetement du Gers, où elle avoit eu l'honneur de concourir à chasser les brigands royaux de Lombez et Samatan.

La connoissance des localités, que ce général avoit acquise par de fréquentes reconnoissances, le mettoit à même d'espérer qu'avec le petit nombre d'hommes qu'il avoit sous ses ordres, il opposeroit aux brigands une vigoureuse résistance ; mais le général Barbot arriva, et avec lui deux pièces de quatre, plusieurs brigades de gendarmerie, commandées par le chef d'escadron Lafarge, quelques compagnies d'infanterie et une petite quantité de munitions de guerre : il reconnut aussitôt le pays, visita les avant-postes, et la bonne disposition de sa colonne lui fit croire qu'il pouvoit tout tenter.

Le général Petit-Pressigni commandoit dans le Gers, et, avec un petit nombre d'hommes, pouvoit en barrer l'entrée aux brigands mis en déroute ; l'adjudant-général Vicose s'étoit emparé de Saint-Gaudens, après que l'armée royaliste l'eût abandonné pour ramasser toutes ses fosces à Montrejeau, et pouvoit l'attaquer sur ses derrières ; les citoyens armés dans la vallée d'Aure, formoient une colonne qui, en s'emparant de Saint-Bertrand et du pont de Labroquère, coupoit à l'ennemi toute retraite par les montagnes : tel étoit le plan conçu et adopté par le général Barbot ; la limite du département des Hautes-Pyrénées devoit être le tombeau des brigands royalistes.

En conséquence, le général Barbot écrit à l'adjudant-général Petit – Pressigni ; il communique son plan à l'adjudant-général Vicose, le prévient qu'il attaquera le trois au matin, celui-ci lui répond qu'il commande une petite colonne, formée d'infanterie, cavalerie et artillerie, suffisante pour tenir l'ennemi en échec, et s'engage à faire une fausse attaque sur le derrière de Montrejeau ; les ordres sont donnés à la colonne formée dans la vallée d'Aure, pour l'exécution du plan en ce qui la concerne.

Quinze cents hommes, dont deux cents à-peu-près de cavalerie, formoient la colonne des Hautes-Pyrénées, sous les ordres du général Barbot ; l'ennemi étoit fort de quatre à cinq mille hommes ; les républicains le savoient ; mais cette supériorité en nombre ne faisoit qu'enflammer leur courage et leur assurer la victoire : tous avoient juré d'exterminer les brigands.

Enfin, le trois fructidor, au point du jour, après avoir reçu un léger renfort en munitions de guerre, cette petite armée se mit en marche vers Montrejeau : elle s'avança sur trois colonnes ; celle de droite, forte de quatre cent vingt-six hommes, dont trente de cavalerie, s'étoit dirigée par le village de Saint – Paul, pendant que celle du centre, forte de cinq cent soixante-deux hommes, avançoit sur la grande route ; elles se déployèrent sur la même hauteur, et ne formoient qu'une ligne ; l'aîle gauche, forte de six cent vingt-cinq hommes, marcha en bataille vers l'ennemi qui occupoit les hauteurs de devant Montrejeau : une pièce de canon étoit placée à la droite de la colonne de gauche, et l'autre, sur la grande route, à la droite de la colonne du centre.

Les éclaireurs de la colonne de gauche rencontrent les avant-postes ennemis, qui faisoient bonne contenance ; les tirailleurs se joignent de part et d'autre, et engagent une fusillade très-vive. Pendant ce temps, l'armée royaliste déployoit sur le centre un front de bataille imposant, et faisoit filer une colonne pour couper notre aîle gauche : elle l'attaqua vivement ; **la** résistance fût opiniâtre, nos braves sembloient suspen- pendre un moment l'espoir de la victoire, lorsque leur courage est aussitôt ranimé ; l'adjudant - général Barbot vole au-devant d'eux, et le brave chef d'es- cadron Lafarge se met à la tête d'un petit corps de cavalerie ; les chasseurs à cheval de Tarbes se dispo- sent à charger ; l'ennemi qui crioit déja victoire, voit les républicains fondre sur lui : l'exemple des généraux et du commissaire de l'administration centrale qui marchoient à leur tête, les enflamme ; sur tous les points l'ennemi est vigoureusement chargé ; notre infanterie se précipite au travers de ses rangs, y porte le désordre et le désespoir. Ils cherchent à se rallier sur le centre, mais l'artillerie fait un feu terrible sur lui. Les pièces qu'il avoit placées pour protéger sa retraite, sont aussi- tôt démontées. Chargé et dispersé sur plusieurs points par la cavalerie, écrasé par l'artillerie, poursuivi et pressé corps à corps par la baïonnette de l'infanterie, l'ennemi jette ses armes et abandonne le champ de bataille. Nos braves entrent pêle et mêle avec lui dans la ville, ne laissent pas le temps de se rallier au petit nombre de ceux qui échappent à la mort. Après trois heures de combat, notre colonne victorieuse s'établit à Montrejeau.

Le bruit de notre canon avoit fait presser la marche des chasseurs à cheval du quatorzième régiment, sous le commandement de l'adjudant - général Vicose : ils empêchèrent les fuyards de se répandre dans la cam- pagne, et firent nombre de prisonniers. Ce ne fut qu'à dix heures du matin que la colonne venue par la vallée d'Aure s'étoit emparée de Saint-Bertrand ; et l'ennemi ayant été mis en déroute, entre neuf et dix heures, put échapper en partie et fuir dans les montagnes.

La perte de l'armée royaliste se porte à mille hommes tués et huit cents prisonniers : ses deux drapeaux lui ont été arrachés, et son artillerie, au nombre de sept pièces, enlevée.

Notre perte ne se porte qu'à douze hommes tués et trois blessés.

On se remit bientôt à la poursuite des débris de l'armée royaliste ; mais dispersés et glacés d'effroi, ils avoient fui jusqu'à Bagnères de Luçon, sans faire de halte ; et de là ils s'étoient jetés, par petits pelotons, dans la ville d'Aran.

Ainsi, une petite colonne que cinq jours avoient vu organiser, armer et nourrir, eut détruit, dans trois heures, une horde de brigands, triple en nombre, qui, depuis long-temps battue et pourchassée dans les départemens du Gers et de Haute-Garonne, sembloit à chaque instant, renaître de ses cendres.

Les braves habitans des Hautes-Pyrénées, après avoir vaincu, sont venus déposer leurs armes, pour reprendre leur charrue : ils sont entrés à Tarbes, au milieu des cris de *vive la République* ; ils faisoient marcher après eux les trophées de leur gloire. Les administrations les ont accueillis comme les sauveurs de leur patrie.

Le courage des soldats, la sage bravoure des chefs, le zèle des administrations, le généreux dévouement des citoyens, tout a concouru à la victoire ; tous ont pu s'en glorifier ; tous ont juré sur les armes que nos héros venoient d'illustrer, de rester à jamais unis pour l'extermination des brigands, la gloire et la prospérité de la République.

Que le drapeau blanc, se sont-ils écriés, prouve à

nos ennemis de tout genre qu'un peuple, heureuxpar ses lois, est invincible quand il s'arme pour les défendre.

Le département des Hautes-Pyrénées a cru devoir à ses concitoyens le rapport exact et circonstancié des dispositions qui ont été faites pour combattre la horde des brigands qui infestoient les départemens du Gers et de Haute-Garonne. Il l'a dû pour détruire l'impression défavorable de certains folliculaires qui paroissent vouloir lui enlever la part active et glorieuse qu'il a eue à la destruction des rebelles. La conduite sage et prudente des administrations, et le dévouement courageux des habitans des Hautes-Pyrénéees doivent prouver à leurs vils détracteurs que l'amour de la République et des lois, la sagesse dans leur exécution, et le vrai courage sans cruauté, firent toujours leur caractère distinctif; que sans mesures arbitraires et sans excès, toujours révoltans, ils savent être républicains, aimer la liberté et leur pays, et que toujours ils sauront résister et combattre les tyrans qui voudroient y porter atteinte.

EXTRAIT du registre des délibérations de l'administration centrale du département des Hautes-Pyrénées.

Séance publique du 9 Fructidor an 7e. de la République française, une et indivisible.

Présens les citoyens Lafeuillade, *président;* Bordanave, B. Gertoux, Laborde, Vignola, *administrateurs.*

Vu les rapports faits à l'administration centrale par l'adjudant-général Barbot, et les citoyens Vignola, administrateur, et Picolet, tous deux commissaires civils près l'armée républicaine.

Ouï le commissaire du Directoire exécutif,

L'administration centrale arrête que le présent rapport sera imprimé au nombre de huit cents exemplaires, pour être envoyé au Directoire exécutif, aux ministres, aux départemens et à toutes les communes de l'arrondissement.

Collationné par nous président et secrétaire-général du département des Hautes-Pyrénées.

Signé, LAFEUILLADE, *président.*

J. B. DECAMPS, *secrétaire-général.*

BAUDOUIN, imprimeur du Corps législatif, place du Carrousel, N°. 662.

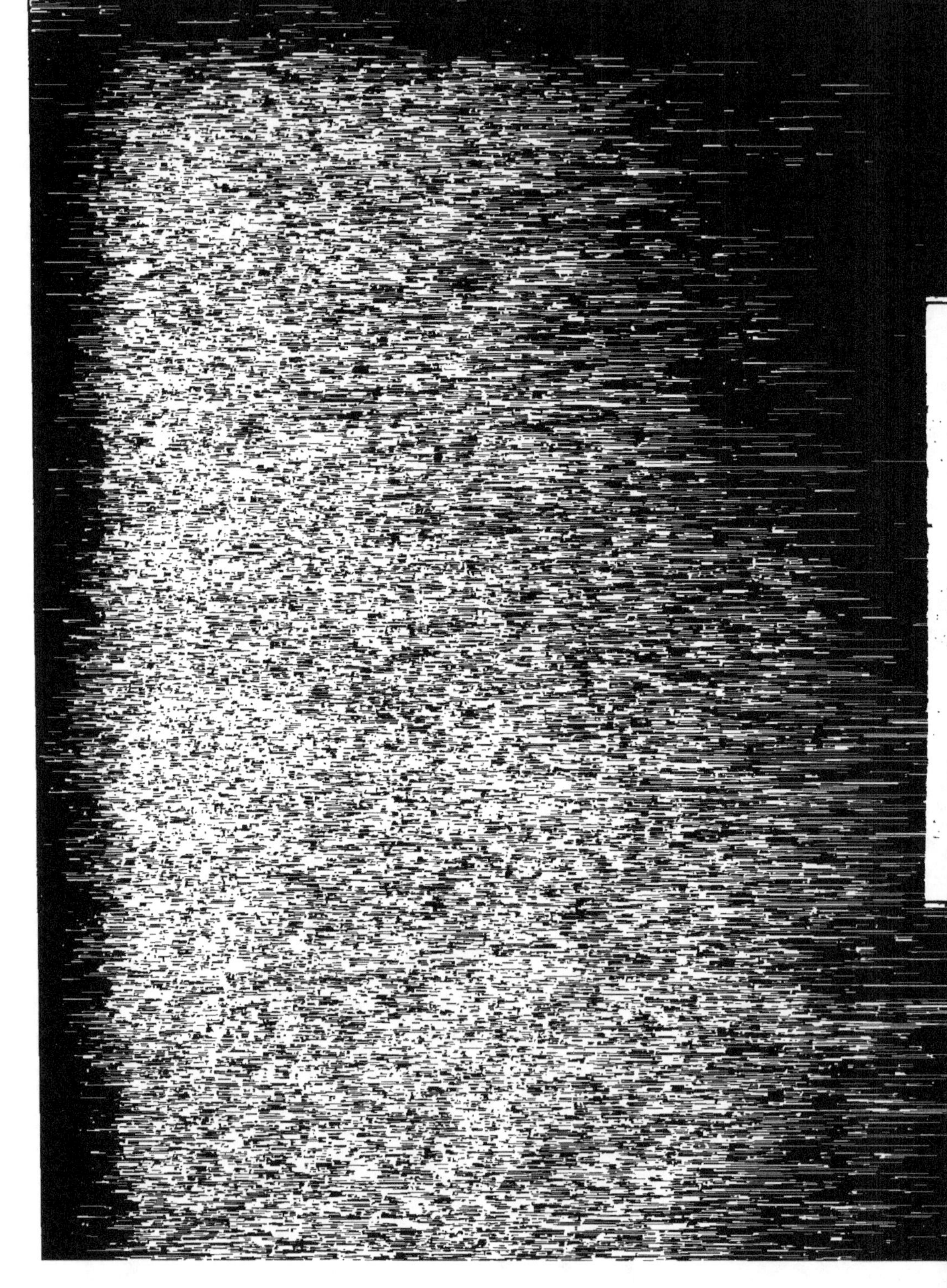